Impressum
Verlag: BABADADA GmbH, Nedderfeld 112 , 22529 Hamburg
Geschäftsführer / Verlagsleitung: Harald Hof
Druck: Books on Demand GmbH, In de Tarpen 42, 22848 Norderstedt

Imprint
Publisher: BABADADA GmbH, Nedderfeld 112 , 22529 Hamburg, Germany
Managing Director / Publishing direction: Harald Hof
Print: Books on Demand GmbH, In de Tarpen 42, 22848 Norderstedt, Germany

iskola

Šola

osztályterem
Razred

oszt
Deljenje

186/2

asztal
Tabla

iskolaudvar
Šolsko dvorišče

tanár
Učitelj

papír
Papir

írni
Pisati

toll
Pisalo

íróasztal
Pisalna miza

vonalzó
Ravnilo

könyv
Knjiga

tanuló
Učenec

iskolatáska

Šolska torba

tolltartó

Peresnica

ceruza

Svinčnik

ceruzahegyező

Šilček

radír

Radirka

rajzfüzet

Risalni blok

rajz

Risba

ecset

Čopič

festőkészlet

Vodene barvice

olló

Škarje

ragasztó

Lepilo

munkafüzet

Zvezek

házi feladat

Domača naloga

12

szám

Število

2+2

összead

Seštevanje

5-2

kivon

Odštevanje

2×2

szoroz

Množenje

számol

Računanje

betű

Črka

ABCDEFG
HIJKLMN
OPQRSTU
VWXYZ

ABC

Abeceda

hello

szó

Beseda

szöveg

Besedilo

olvasni

Brati

kréta

Kreda

tanóra

Učna ura

napló

Redovalnica

vizsga

Preizkus znanja

bizonyítvány

Spričevalo

iskolai egyenruha

Šolska uniforma

oktatás

Izobrazba

enciklopédia

Enciklopedija

egyetem

Univerza

mikroszkóp

Mikroskop

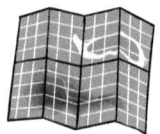

térkép

Zemljevid

papír-hulladék gyűjtő

Koš za smeti

utazás
Potovanje

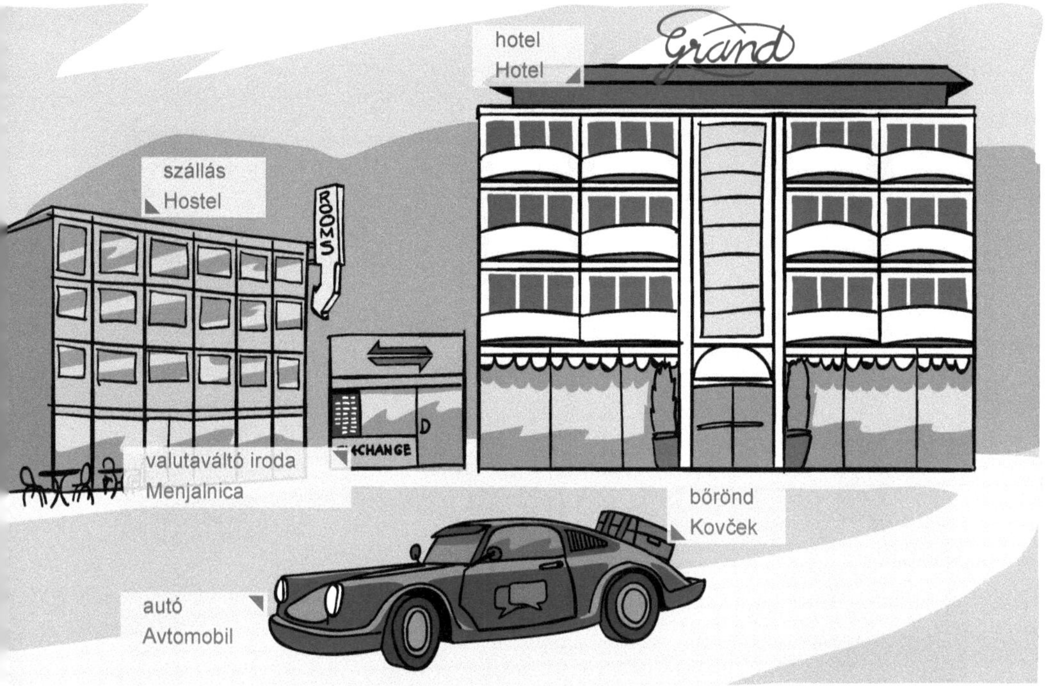
hotel
Hotel
Grand
szállás
Hostel
ROOMS
valutaváltó iroda
Menjalnica
EXCHANGE
bőrönd
Kovček
autó
Avtomobil

nyelv

Jezik

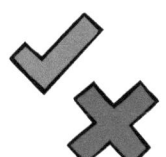

igen/nem

da / ne

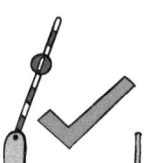

rendben

Prav

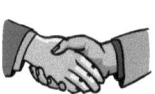

szia

Pozdravljeni

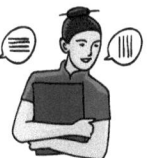

fordító

Prevajalec

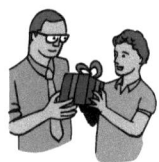

köszönöm

Hvala

mennyibe kerül...?

Koliko stane...?

nem értem

Ne razumem

probléma

Težava

Jó estét!

Dober večer!

jó reggelt!

Dobro jutro!

jó éjszakát!

Lahko noč!

viszontlátásra

Nasvidenje

útirány

Smer

poggyász

Prtljaga

táska

Torba

hátizsák

Nahrbtnik

vendég

Gost

szoba

Soba

hálózsák

Spalna vreča

sátor

Šotor

turista információ

Turistične informacije

strand

Plaža

hitelkártya

Kreditna kartica

reggeli

Zajtrk

ebéd

Kosilo

vacsora

Večerja

jegy

Vozovnica

lift

Dvigalo

bélyeg

Znamka

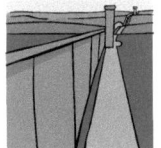

határ

Meja

vám

Carina

nagykövetség

Veleposlaništvo

vízum

Vizum

útlevél

Potni list

közlekedés
Prevoz

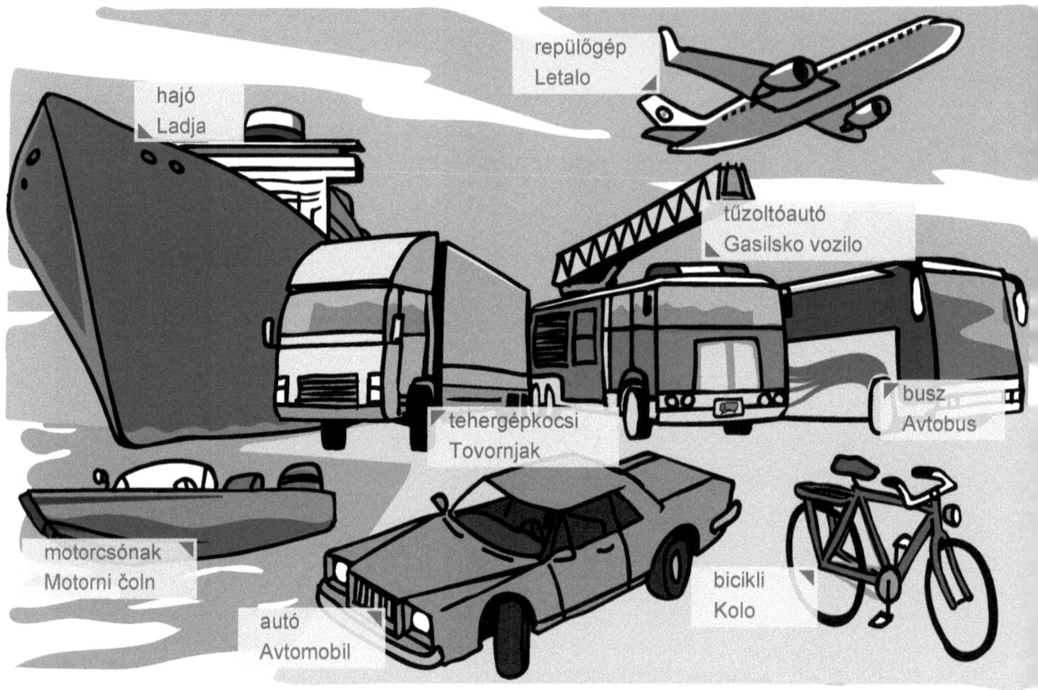

repülőgép
Letalo
hajó
Ladja
tűzoltóautó
Gasilsko vozilo
busz
Avtobus
tehergépkocsi
Tovornjak
motorcsónak
Motorni čoln
bicikli
Kolo
autó
Avtomobil

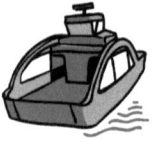

komp

Trajekt

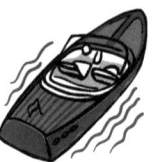

csónak

Čoln

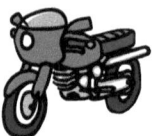

motorkerékpár

Motorno kolo

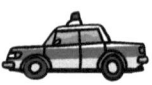

rendőrautó

Policijski avto

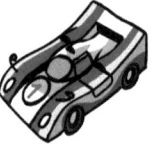

versenyautó

Dirkalni avto

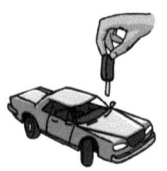

bérautó

Najeto vozilo

telekocsi

Souporaba avtomobila

vontató

Avtovleka

szemetes autó

Smetarsko vozilo

motor

Motor

üzemanyag

Gorivo

benzinkút

Bencinska postaja

közlekedési tábla

Prometni znak

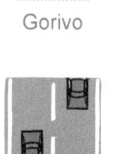

forgalom

Promet

forgalmi dugó

Zastoj

parkoló

Parkırišče

vonatállomás

Železniška postaja

sínek

Tirnice

vonat

Vlak

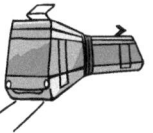

villamos

Tramvaj

vagon

Vagon

helikopter
Helikopter

repülőtér
Letališče

torony
Stolp

utas
Potnik

konténer
Kontejner

kartondoboz
Karton

taliga
Voziček

kosár
Košara

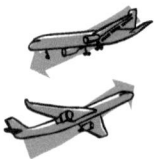

felszáll / leszáll
vzleteti / pristati

város

Mesto

falu
Vas

városközpont
Mestno jedro

ház
Hiša

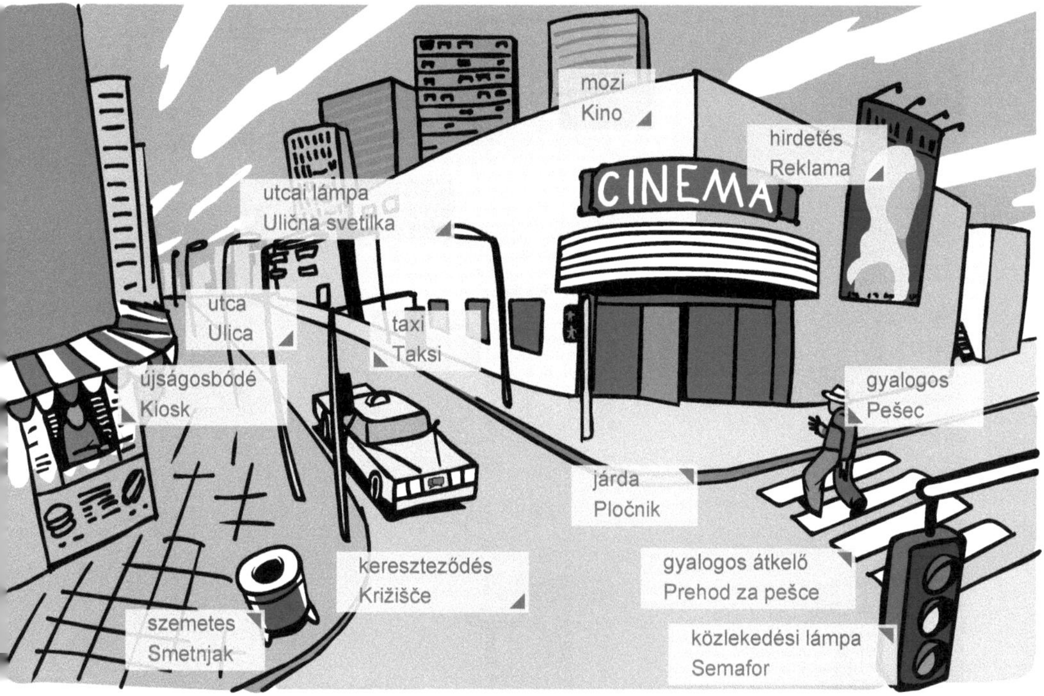

mozi
Kino

hirdetés
Reklama

utcai lámpa
Ulična svetilka

CINEMA

utca
Ulica

taxi
Taksi

újságosbódé
Kiosk

gyalogos
Pešec

járda
Pločnik

kereszteződés
Križišče

gyalogos átkelő
Prehod za pešce

szemetes
Smetnjak

közlekedési lámpa
Semafor

kunyhó
Koča

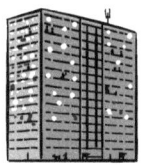

lakás
Stanovanje

vonatállomás
Železniška postaja

városháza
Mestna hiša

múzeum
Muzej

iskola
Šola

egyetem

Univerza

bank

Banka

kórház

Bolnišnica

hotel

Hotel

gyógyszertár

Lekarna

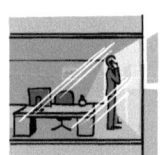

iroda

Pisarna

könyvesbolt

Knjigarna

üzlet

Trgovina

virágüzlet

Cvetličarna

szupermarket

Supermarket

piac

Tržnica

áruház

Veleblagovnica

halárus

Ribarnica

bevásárló központ

Nakupovalno središče

kikötő

Pristanišče

város - Mesto

park

Park

pad

Klop

híd

Most

lépcső

Stopnice

metró

Podzemna železnica

alagút

Predor

buszmegálló

Avtobusno postajališče

bár

Bar

étterem

Restavracija

postaláda

Poštni nabiralnik

utcatábla

Ulična tabla

parkoló óra

Parkirna ura

állatkert

Živalski vrt

uszoda

Kopališče

mecset

Mošeja

gazdálkodás
Kmetija

környezetszennyezés
Onesnaževanje

temető
Pokopališče

templom
Cerkev

játszótér
Otroško igrišče

szentély
Tempelj

táj
Pokrajina

levél
List

útjelző tábla
Kažipot

út
Pot

rét
Travnik

kő
Kamen

fa
Drevo

túrázó
Pohodnik

folyó
Reka

fű
Trava

virág
Cvetlica

völgy

Dolina

domb

Hrib

tó

Jezero

erdő

Gozd

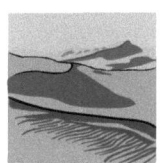

sivatag

Puščava

vulkán

Vulkan

kastély

Grad

szivárvány

Mavrica

gomba

Goba

pálmafa

Palma

szúnyog

Komar

légy

Muha

hangya

Mravlja

méhecske

Čebela

pók

Pajek

bogár

Hrošč

béka

Žaba

mókus

Veverica

sündisznó

Jež

nyúl

Zajec

bagoly

Sova

madár

Ptič

hattyú

Labod

vaddisznó

Divji prašič

szarvas

Jelen

rénszarvas

Los

gát

Jez

szélturbina

Vetrnica

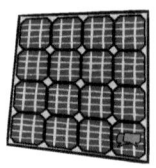

napelem

Solarna plošča

éghajlat

Podnebje

étterem
Restavracija

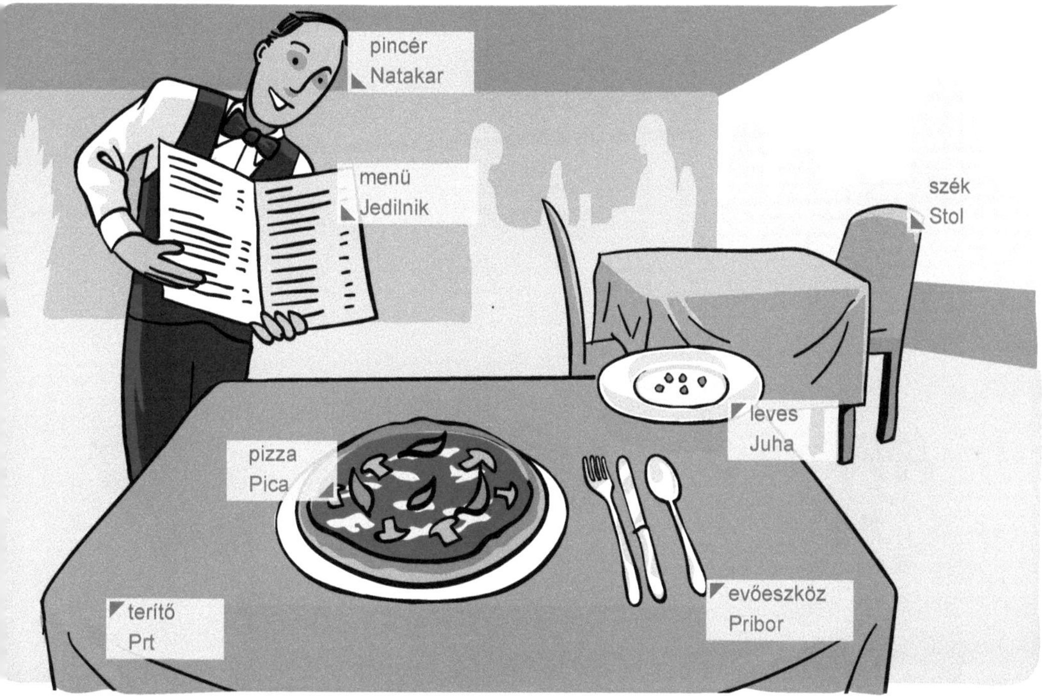

pincér
Natakar
menü
Jedilnik
szék
Stol
leves
Juha
pizza
Pica
evőeszköz
Pribor
terítő
Prt

előétel

Predjed

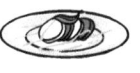

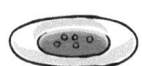

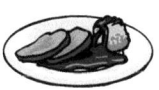

főétel

Glavna jed

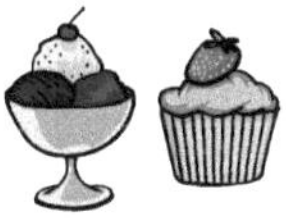

desszert

Sladica

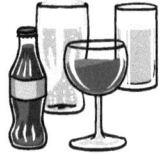

italok

Pijače

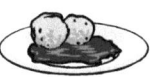

étel

Hrana

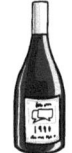

üveg

Steklenica

gyorsétel

Hitra hrana

gyorsétel

Ulična hrana

teás kanna

Čajnik

cukortartó

Sladkornica

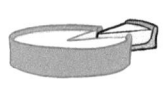

adag

Porcija

eszpresszógép

Aparat za espresso

bárszék

Stolček za hranjenje

számla

Račun

tálca

Pladenj

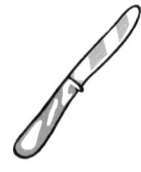

kés

Nož

villa

Vilica

kanál

Žlica

teáskanál

Čajna žlička

szalvéta

Servieta

pohár

Kozarec

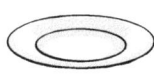

tányér

Krožnik

leveses tányér

Globoki krožnik

csészealj

Krožniček

szósz

Omaka

sószóró

Solnica

borsörlö

Mlinček za poper

ecet

Kis

étkezési olaj

Olje

fűszerek

Začimbe

ketchup

Kecap

mustár

Gorčica

majonéz

Majoneza

szupermarket
Supermarket

különleges ajánlat
Posebna ponudba
FOR
ügyfél
Stranka
tejtermék
Mlečni izdelki
gyümölcsök
Sadje
bevásárló kocsi
Nakupovalni voziček

BUTCHERS

hentes

Mesnica

BAKERY

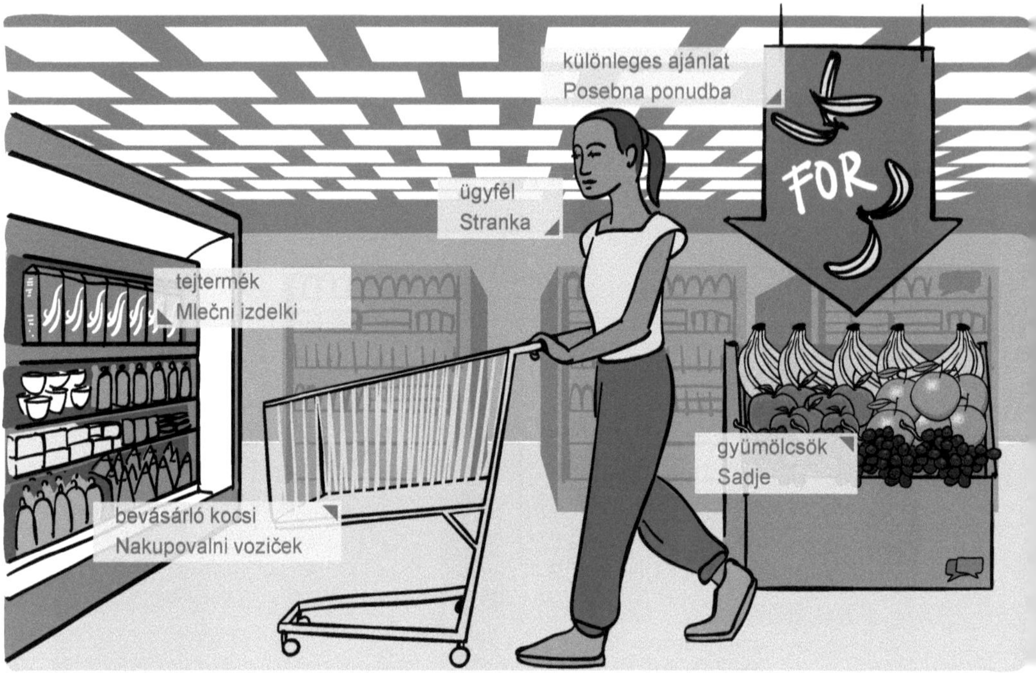

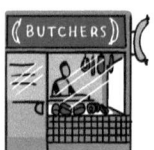

pékség

Pekarna

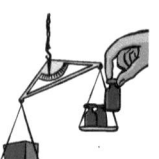

nyom valamennyit

Tehtati

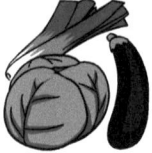

zöldség

Zelenjava

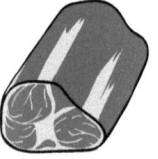

hús

Meso

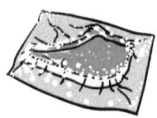

fagyasztott áru

Zamrznjena hrana

felvágott

Hladne mesnine

konzerv

Konzerve

mosópor

Pralni prašek

édességek

Sladkarije

háztartási termék

Gospodinjski izdelki

tisztítószerek

Čistilno sredstvo

eladó

Prodajalka

pénztárgép

Blagajna

eladó

Blagajnik

bevásárló lista

Nakupovalni seznam

nyitva tartás

Delovni čas

levéltárca

Denarnica

hitelkártya

Kreditna kartica

zacskó

Torba

műanyag zacskó

Plastična vrečka

víz
Voda

gyümölcslé
Sok

tej
Mleko

kóla
Kola

bor
Vino

sör
Pivo

alkohol
Alkohol

kakaó
Kakav

tea
Čaj

kávé
Kava

eszpresszó
Espresso

kapucsínó
Kapučino

banán
....
Banana

alma
....
Jabolko

narancs
....
Pomaranča

sárgadinnye
....
Lubenica

citrom
....
Limona

sárgarépa
....
Korenje

fokhagyma
....
Česen

bambusz
....
Bambus

hagyma
....
Čebula

gomba
....
Goba

magvak
....
Oreščki

nokedli
....
Rezanci

spagetti

Špageti

rizs

Riž

saláta

Solata

sült krumpli

Ocvrt krompirček

sült burgonya

Pečen krompir

pizza

Pica

hamburger

Hamburger

szendvics

Sendvič

hússzelet

Zrezek

sonka

Šunka

szalámi

Salama

kolbász

Klobasa

csirke

Piščanec

pecsenye

Pečenka

hal

Riba

zabkása

Ovseni kosmiči

müzli

Musli

kukoricapehely

Koruzni kosmiči

liszt

Moka

croissant

Rogljiček

zsemle

Žemlja

kenyér

Kruh

pirítós kenyér

Prepečenec

keksz

Piškoti

vaj

Maslo

túró

Skuta

sütemény

Torta

tojás

Jajce

tükörtojás

Pečeno jajce na oko

sajt

Sir

jégkrém

Sladoled

cukor

Sladkor

méz

Med

lekvár

Marmelada

mogyorókrém

Čokoladni namaz

curry

Kari

gazdálkodás
Kmetija

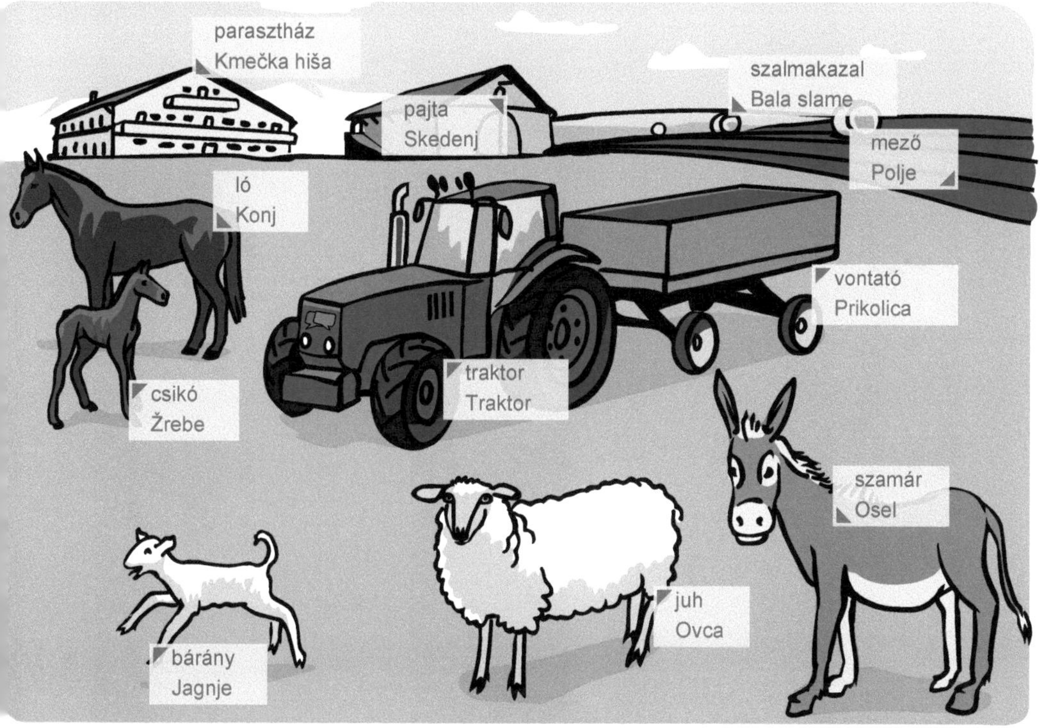
parasztház
Kmečka hiša
pajta
Skedenj
szalmakazal
Bala slame
mező
Polje
ló
Konj
vontató
Prikolica
traktor
Traktor
csikó
Žrebe
szamár
Osel
juh
Ovca
bárány
Jagnje

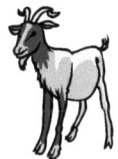

kecske

Koza

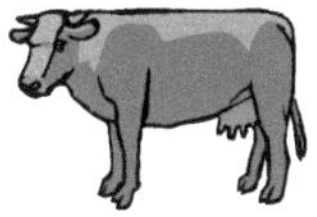

tehén

Krava

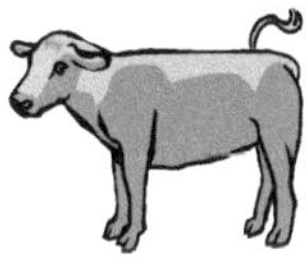

borjú

Tele

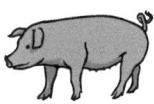

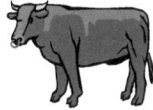

malac

Prašič

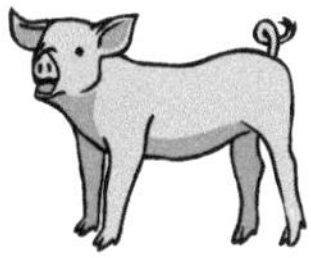

kismalac

Pujsek

bika

Bik

liba
Gos

kacsa
Raca

csibe
Piščanec

tojó
Kokoš

kakas
Petelin

patkány
Podgana

macska
Mačka

egér
Miš

ökör
Vol

kutya
Pes

kutyaház
Pasja uta

kerti öntözőcső
Cev za zalivanje

öntözőkanna
Kangla za zalivanje

kasza
Kosa

eke
Plug

sarló

Srp

kapa

Motika

vasvilla

Vile

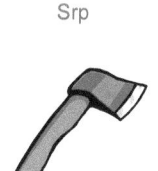

fejsze

Sekira

talicska

Samokolnica

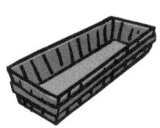

teknő

Korito

tejes kancsó

Kangla za mleko

zsák

Vreča

kerítés

Ograja

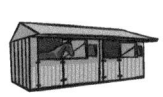

istálló

Hlev

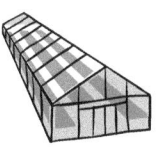

üvegház

Rastlinjak

talaj

Prst

vetőmag

Seme

trágya

Gnojilo

cséplőgép

Kombajn

szüretelni

Žeti

betakarítás

Žetev

yamgyökér

Jam

búza

Pšenica

szója

Soja

burgonya

Krompir

kukorica

Koruza

repcemag

Oljna ogrščica

gyümölcsfa

Sadno drevo

manióka

Maniok

gabona

Žito

ház
Hiša

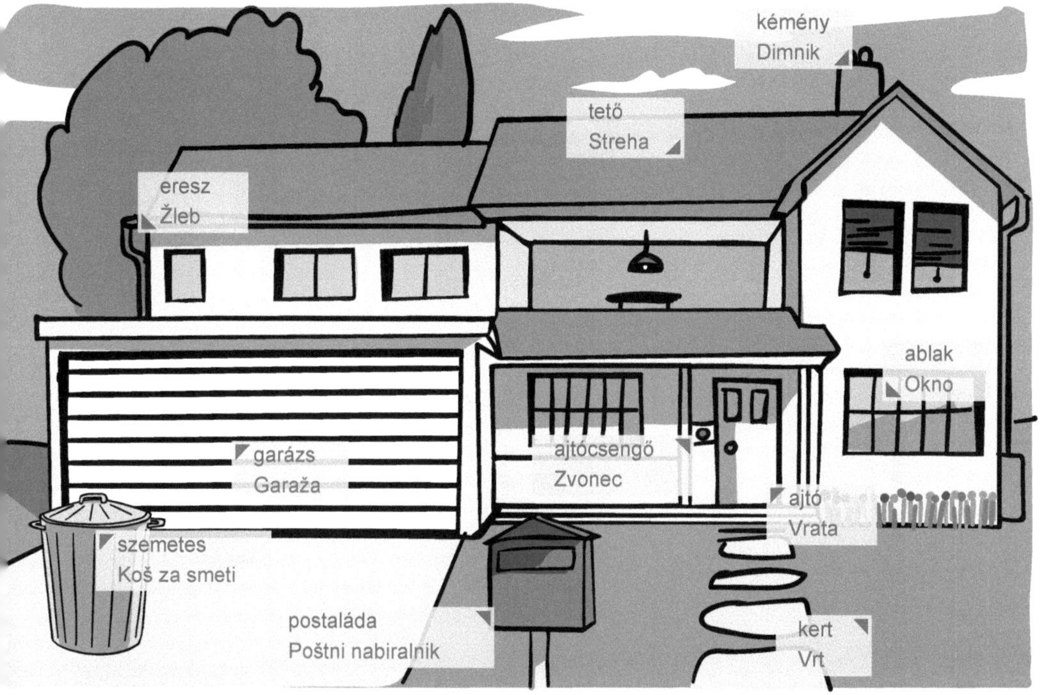
kémény
Dimnik
tető
Streha
eresz
Žleb
ablak
Okno
garázs
Garaža
ajtócsengő
Zvonec
ajtó
Vrata
szemetes
Koš za smeti
postaláda
Poštni nabiralnik
kert
Vrt

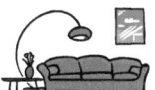

nappali
....
Dnevna soba

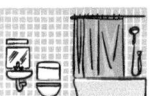

fürdőszoba
....
Kopalnica

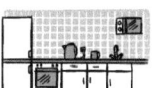

konyha
....
Kuhinja

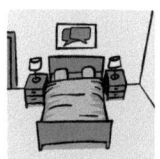

hálószoba
....
Spalnica

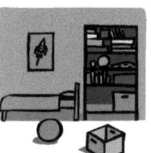

gyerekszoba
....
Otroška soba

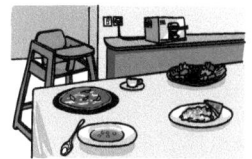

ebédlő
....
Jedilnica

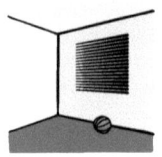

padló

Tla

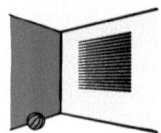

fal

Stena

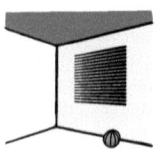

plafon

Strop

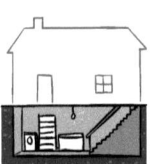

pince

Klet

szauna

Savna

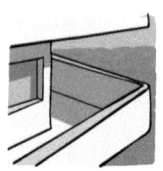

erkély

Balkon

terasz

Terasa

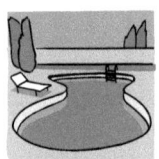

medence

Bazen

fűnyíró

Kosilnica

lepedő

Rjuha

ágytakaró

Posteljno pregrinjalo

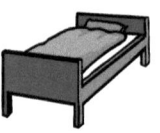

ágy

Postelja

seprű

Metla

vödör

Vedro

kapcsoló

Stikalo

nappali

Dnevna soba

tapéta
Tapeta
kép
Slika
lámpa
Svetilka
polc
Polica
szekrény
Omara
televízió
Televizor
kandalló
Kamin
virág
Cvetlica
párna
Blazina
kanapé
Zofa
váza
Vaza
távirányító
Daljinski upravljalnik

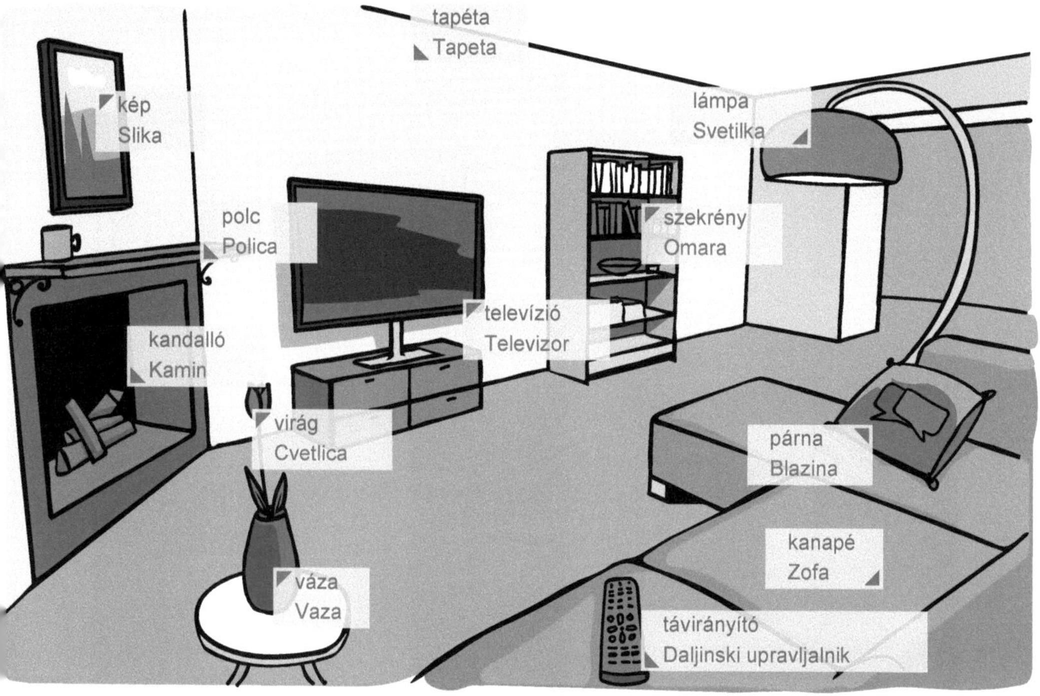

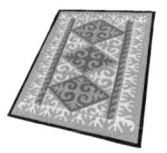

szőnyeg

Preproga

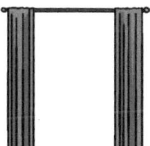

függöny

Zavesa

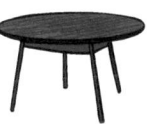

asztal

Miza

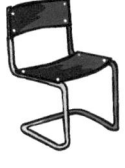

szék

Stol

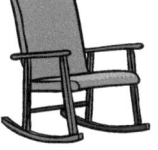

hintaszék

Gugalnik

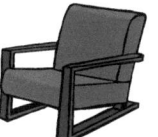

karosszék

Naslanjač

könyv

Knjiga

takaró

Odeja

dekoráció

Dekoracija

tűzifa

Drva

film

Film

hifi

Glasbeni stolp

kulcs

Ključ

újság

Časopis

festmény

Slika

poszter

Plakat

rádió

Radio

jegyzetfüzet

Beležka

porszívó

Sesalnik

kaktusz

Kaktus

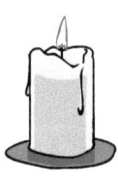

gyertya

Sveča

konyha
Kuhinja

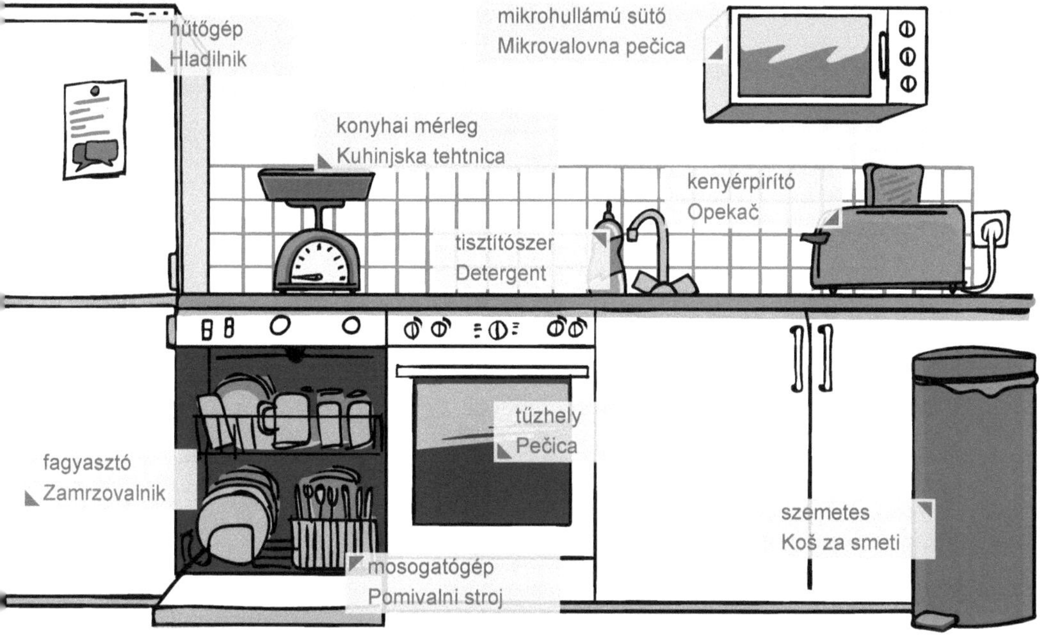
hűtőgép
Hladilnik
mikrohullámú sütő
Mikrovalovna pečica
konyhai mérleg
Kuhinjska tehtnica
kenyérpirító
Opekač
tisztítószer
Detergent
tűzhely
Pečica
fagyasztó
Zamrzovalnik
szemetes
Koš za smeti
mosogatógép
Pomivalni stroj

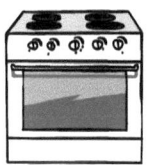

tűzhely
....
Kozica

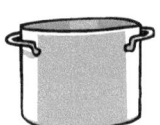

edény
....
Lonec

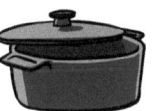

vasfazék
....
Litoželezni lonec

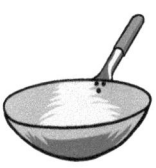

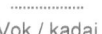

wok / kadai
....
Vok / kadai

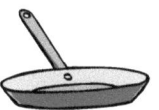

serpenyő
....
Ponev

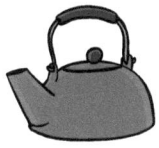

vízforraló
....
Kotliček

pároló

Parni kuhalnik

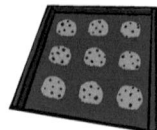

tepsi

Pekač

étkészlet

Posoda

bögre

Skodelica

tálka

Skleda

evőpálcika

Jedilne paličice

merőkanál

Zajemalka

keverőlapátka

Lopatica

habverő

Metlica

szűrő

Cedilnik

szita

Cedilo

reszelő

Strgalo

mozsár

Možnar

grillsütő

Žar

kandalló

Ognjišče

vágódeszka

Deska za rezanje

sodrófa

Valjar

dugóhúzó

Odpirač za steklenice

doboz

Pločevinka

konzervnyitó

Odpirač za konzerve

edényfogó

Prijemalka za posodo

mosogató

Korito

kefe

Ščetka

szivacs

Goba

turmixgép

Mešalnik

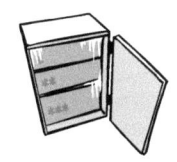

mélyhűtő

Zamrzovalna skrinja

cumisüveg

Steklenička

csap

Pipa

fürdőszoba
Kopalnica

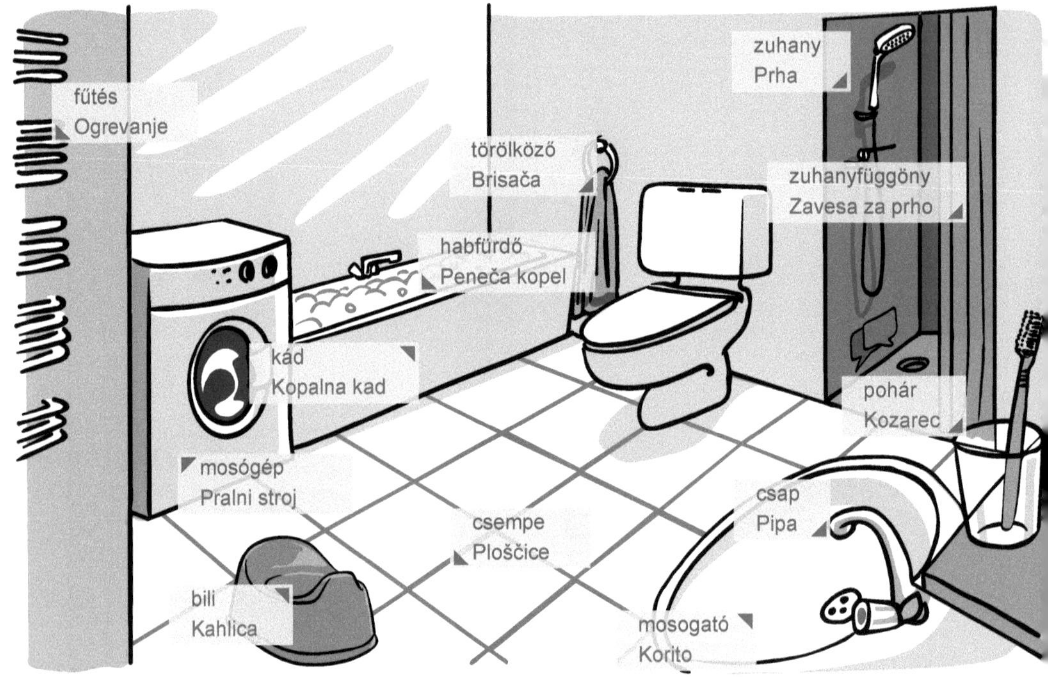
zuhany
Prha
fűtés
Ogrevanje
törölköző
Brisača
zuhanyfüggöny
Zavesa za prho
habfürdő
Peneča kopel
kád
Kopalna kad
pohár
Kozarec
mosógép
Pralni stroj
csap
Pipa
csempe
Ploščice
bili
Kahlica
mosogató
Korito

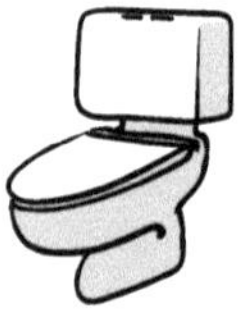

toalett

Stranišče

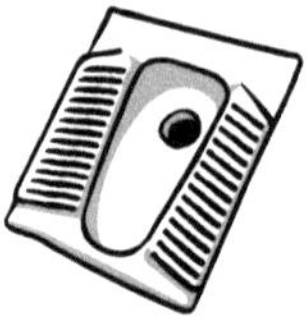

guggolós toalett

Stranišče na počep

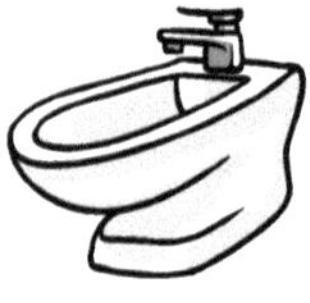

bidé

Bide

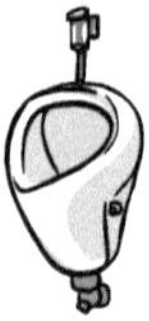

piszoár

Pisoar

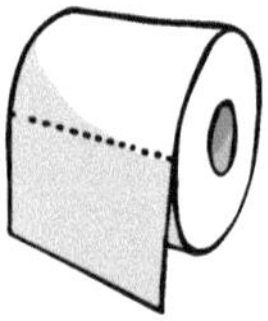

toalett papír

Toaletni papir

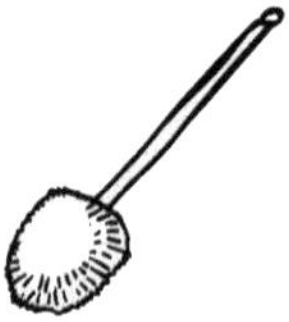

wc kefe

Ščetka za straniščno školjko

fogkefe

Zobna ščetka

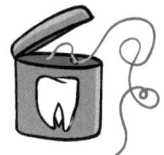

fogkrém

Zobna pasta

fogselyem

Zobna nitka

mosni

Umiti se

kézi zuhany

Ročna prha

intimzuhany

Prha za intimne dele

mosdótál

Umivalnik

hátmosó kefe

Krtača za hrbet

szappan

Milo

tusfürdő

Gel za prhanje

sampon

Šampon

mosdókesztyű

Krpica za miljenje

lefolyó

Odtok

krém

Krema

dezodor

Deodorant

tükör
Ogledalo

kézitükör
Ročno ogledalo

borotva
Britvica

borotvahab
Pena za britje

borotválkozás utáni
arcszesz
Vodica po britju

fésű
Glavnik

hajkefe
Ščetka

hajszárító
Sušilnik za lase

hajlakk
Lak za lase

smink
Ličila

ajakrúzs
Šminka

körömlakk
Lak za nohte

vatta
Vatirane blazinice

körömvágó olló
Škarjice za nohte

parfüm
Parfum

neszesszer

Toaletna torbica

sámli

Stol brez naslonjala

mérleg

Osebna tehtnica

köntös

Kopalni plašč

gumikesztyű

Gumijaste rokavice

tampon

Tampon

egészségügyi betét

Damski vložki

vegyi WC

Kemično stranišče

gyerekszoba

Otroška soba

ébresztő óra
Budilka
plüssállat
Plišasta igrača
játékautó
Avtomobilček
csörgő
Ropotuljica
babaház
Hiška za punčke
ajándék
Darilo

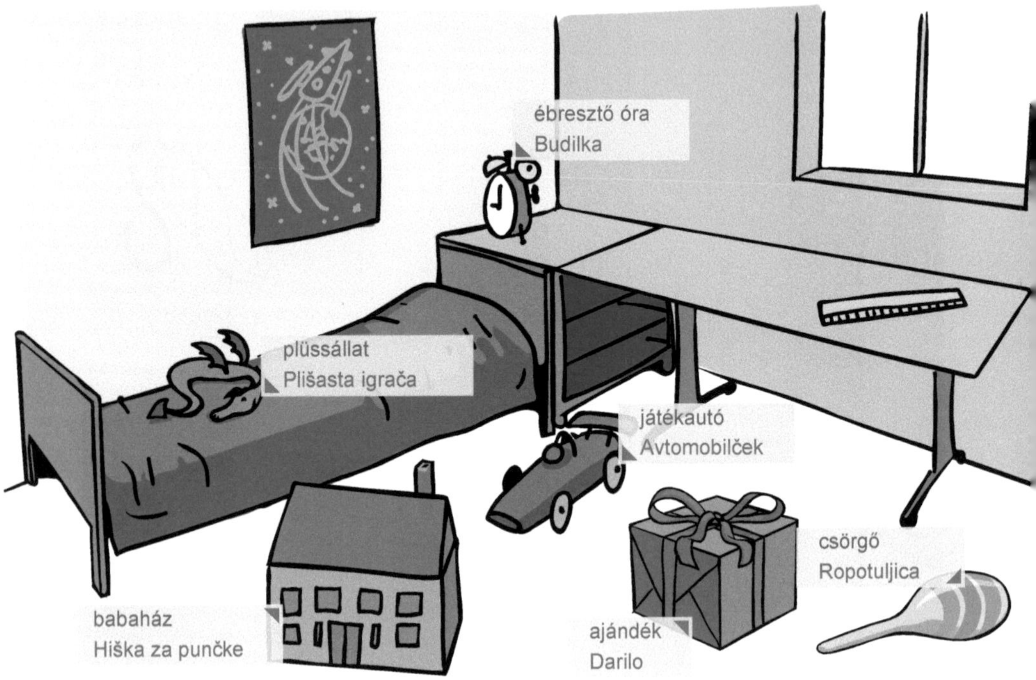

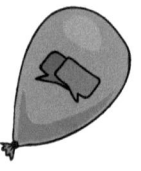

lufi

Balon

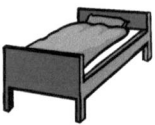

ágy

Postelja

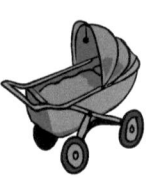

babakocsi

Otroški voziček

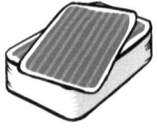

kártyapakli

Igralne karte

kirakós játék

Sestavljanka

SUPER
MEGA

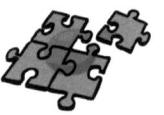

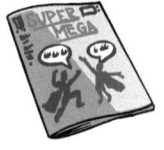

képregény

Strip

építőkockák

Lego kocke

építőelem

Igralne kocke

szuperhős

Akcijska figura

rugdalózó

Bodi

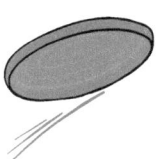

frizbi

Frizbi

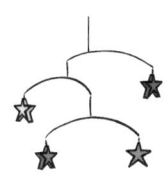

zenélő forgó

Vrtiljak za posteljico

társasjáték

Namizna igra

kocka

Kocka

modellvasút

Komplet modelov vlakov

cumi

Duda

zsúr

Zabava

képeskönyv

Slikanica

labda

Žoga

baba

Lutka

játszani

Igrati se

homokozó

Peskovnik

hinta

Gugalnica

játékok

Igrače

videójáték konzol

Igralna konzola

tricikli

Tricikel

teddi maci

Plišasti medvedek

ruhásszekrény

Garderoba

ruházat
Oblačilo

zokni

Nogavice

harisnya

Samostoječe nogavice

harisnyanadrág

Hlačne nogavice

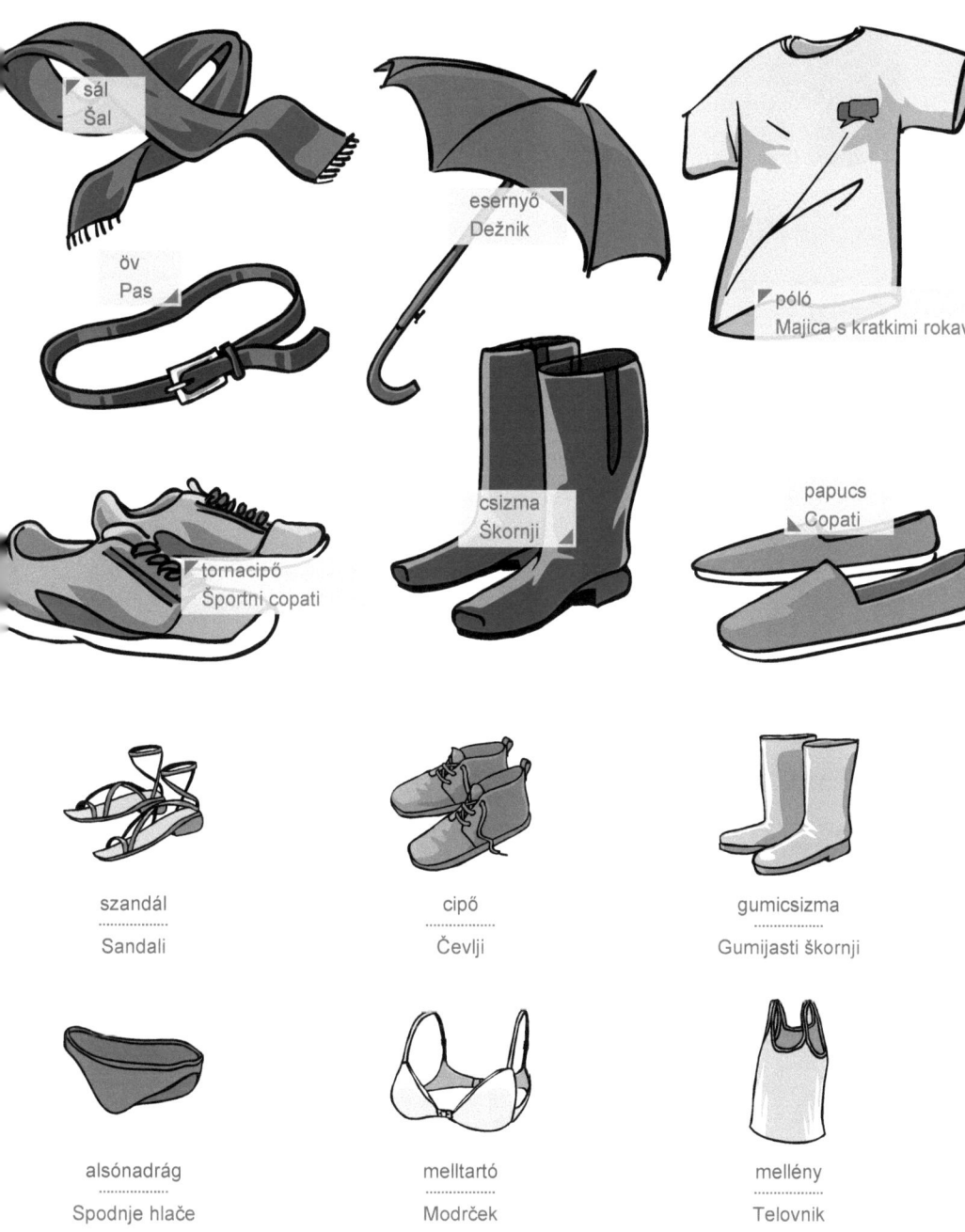

sál
Šal

esernyő
Dežnik

póló
Majica s kratkimi rokavi

öv
Pas

csizma
Škornji

papucs
Copati

tornacipő
Športni copati

szandál
....
Sandali

cipő
....
Čevlji

gumicsizma
....
Gumijasti škornji

alsónadrág
....
Spodnje hlače

melltartó
....
Modrček

mellény
....
Telovnik

body

Bodi

nadrág

Hlače

farmer

Kavbojke

szoknya

Krilo

blúz

Bluza

ing

Srajca

pulóver

Pulover

kapucnis pulóver

Pletena jopica

blézer

Jopa

dzseki

Jakna

kabát

Plašč

esőkabát

Dežni plašč

kosztüm

Kostim

ruha

Obleka

esküvői ruha

Poročna obleka

öltöny

Obleka

hálóing

Spalna srajca

pizsama

Pižama

szári

Sari

fejkendő

Naglavna ruta

turbán

Turban

burka

Burka

kaftán

Kaftan

abaya

Abaja

fürdőruha

Kopalke

fürdőnadrág

Kopalne hlače

rövidnadrág

Kratke hlače

tréningruha

Trenirka

kötény

Predpasnik

kesztyű

Rokavice

gomb

Gumb

szemüveg

Očala

karkötő

Zapestnica

nyaklánc

Verižica

gyűrű

Prstan

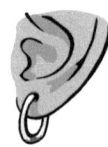

fülbevaló

Uhan

sapka

Kapa

vállfa

Obešalnik

kalap

Klobuk

nyakkendő

Kravata

cipzár

Zadrga

bukósisak

Čelada

nadrágtartó

Naramnice

iskolai egyenruha

Šolska uniforma

egyenruha

Uniforma

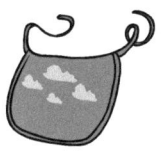

előke

Slinček

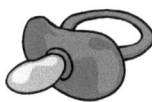

cumi

Duda

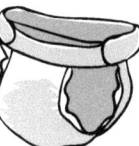

pelenka

Plenica

iroda

Pisarna

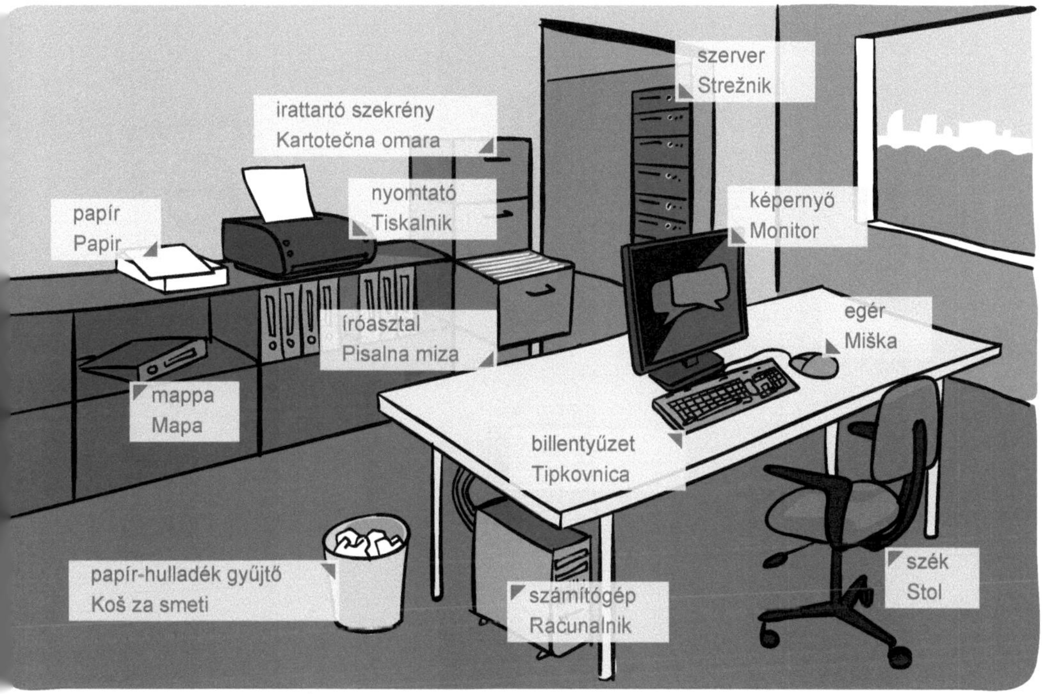

szerver
Strežnik
irattartó szekrény
Kartotečna omara
nyomtató
Tiskalnik
papír
Papir
képernyő
Monitor
íróasztal
Pisalna miza
egér
Miška
mappa
Mapa
billentyűzet
Tipkovnica
papír-hulladék gyűjtő
Koš za smeti
számítógép
Računalnik
szék
Stol

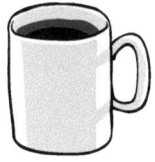

kávéscsésze

Lonček za kavo

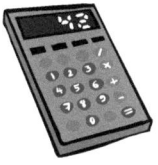

számológép

Kalkulator

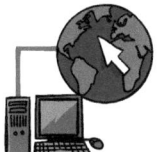

internet

Internet

laptop

Prenosnik

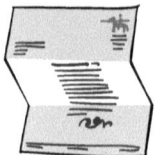

levél

Pismo

üzenet

Sporočilo

mobiltelefon

Mobilnik

hálózat

Omrežje

fénymásoló

Kopirni stroj

szoftver

Programska oprema

telefon

Telefon

konnektor

Vtičnica

faxgép

Telefaks

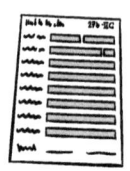

formanyomtatvány

Obrazec

dokumentum

Dokument

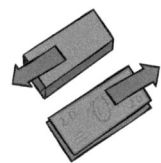

venni

Kupiti

fizetni

Plačati

kereskedni

Trgovati

pénz

Denar

dollár

Dolar

euró

Evro

jen

Jen

rubel

Rubelj

svájci frank

Švičarski frank

kínai jüan

Kitajski juan renminbi

rúpia

Rupija

bankautomata

Bankomat

valutaváltó iroda
Menjalnica

arany
Zlato

ezüst
Srebro

olaj
Nafta

energia
Energija

ár
Cena

szerződés
Pogodba

adó
Davek

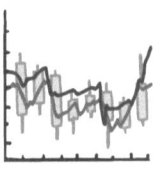

részvény
Delnice

dolgozni
Delati

munkavállaló
Delojemalec

munkaadó
Delodajalec

gyár
Tovarna

üzlet
Trgovina

foglalkozások
Poklici

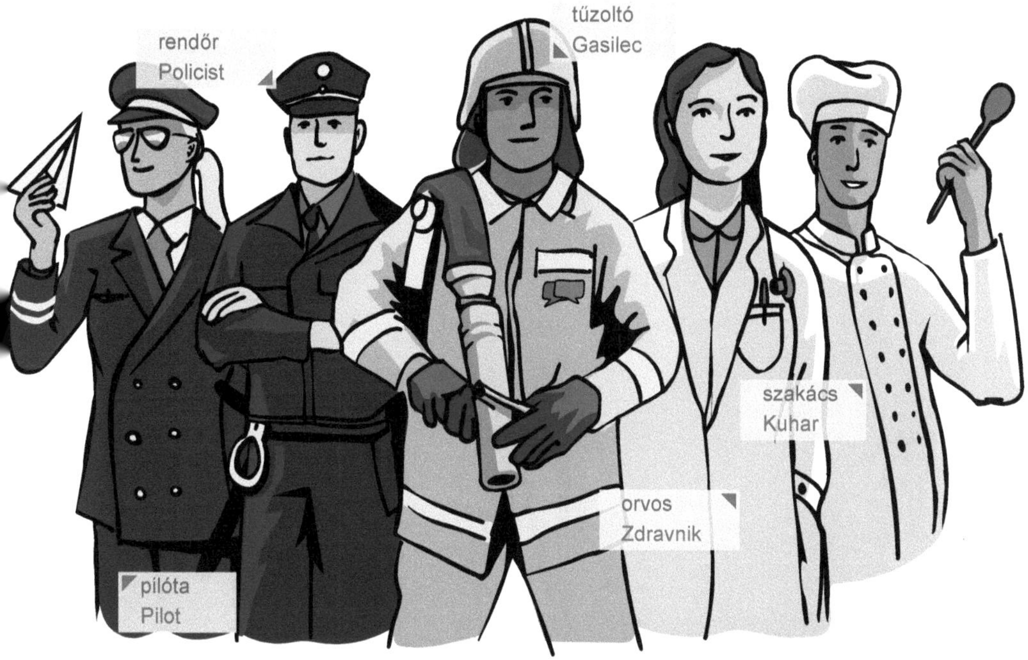
rendőr
Policist
tűzoltó
Gasilec
szakács
Kuhar
orvos
Zdravnik
pilóta
Pilot

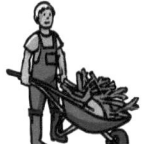

kertész

Vrtnar

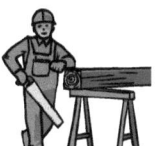

kárpitos

Mizar

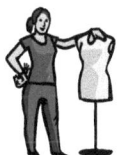

varrónő

Šivilja

bíró

Sodnik

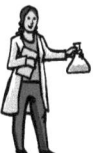

vegyész

Kemik

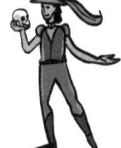

színész

Igralec

buszsofőr

Voznik avtobusa

taxisofőr

Taksist

halász

Ribič

bejárónő

Čistilka

tetőfedő

Krovec

pincér

Natakar

vadász

Lovec

festő

Pleskar

pék

Pek

villanyszerelő

Električar

építőmunkás

Gradbenik

mérnök

Inženir

hentes

Mesar

vízvezeték-szerelő

Vodovodni inštalater

postás

Poštar

katona

Vojak

építész

Arhitekt

eladó

Blagajnik

virágos

Cvetličar

fodrász

Frizer

kalauz

Sprevodnik

műszerész

Mehanik

kapitány

Kapitan

fogorvos

Zobozdravnik

tudós

Znanstvenik

rabbi

Rabin

imám

Imam

szerzetes

Menih

lelkész

Duhovnik

szerszámok
Orodje

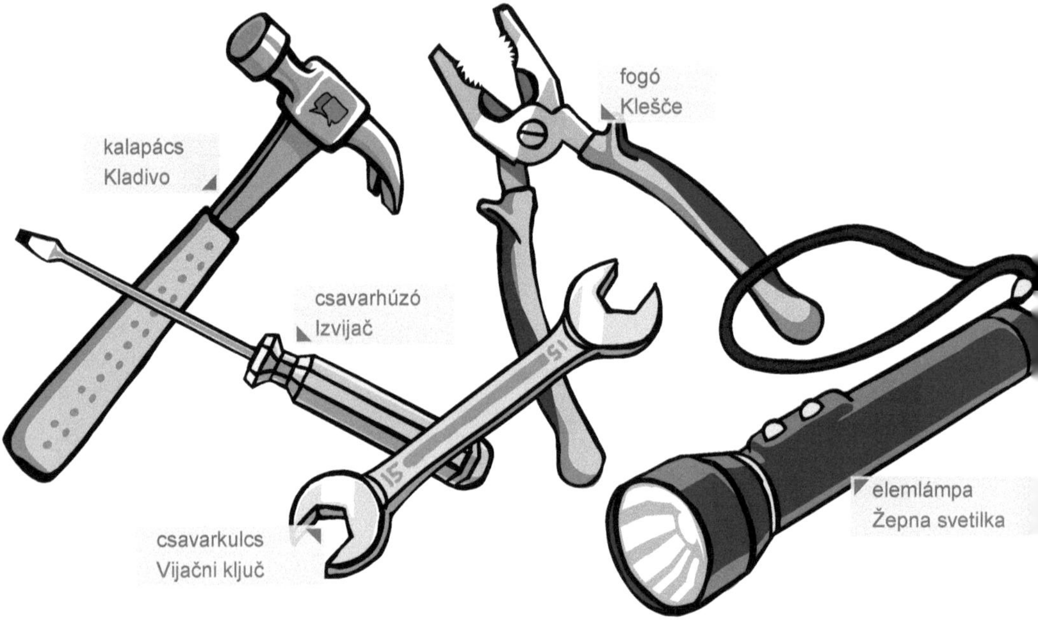

fogó
Klešče
kalapács
Kladivo
csavarhúzó
Izvijač
elemlámpa
Žepna svetilka
csavarkulcs
Vijačni ključ

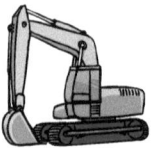

markológép

Bager

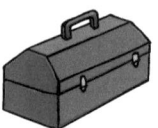

szerszámosláda

Zaboj z orodjem

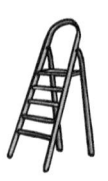

vödör

Lestev

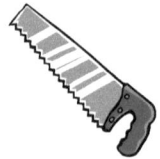

fűrész

Žaga

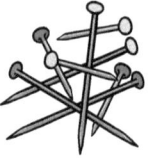

szög

Žeblji

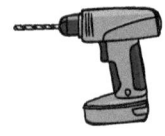

fúrógép

Vrtalnik

megjavítani

Popraviti

lapát

Lopata

A francba!

Šment!

szemétlapát

Smetišnica

festékesdoboz

Posoda z barvo

csavar

Vijaki

hangszerek
Glasbeni instrument

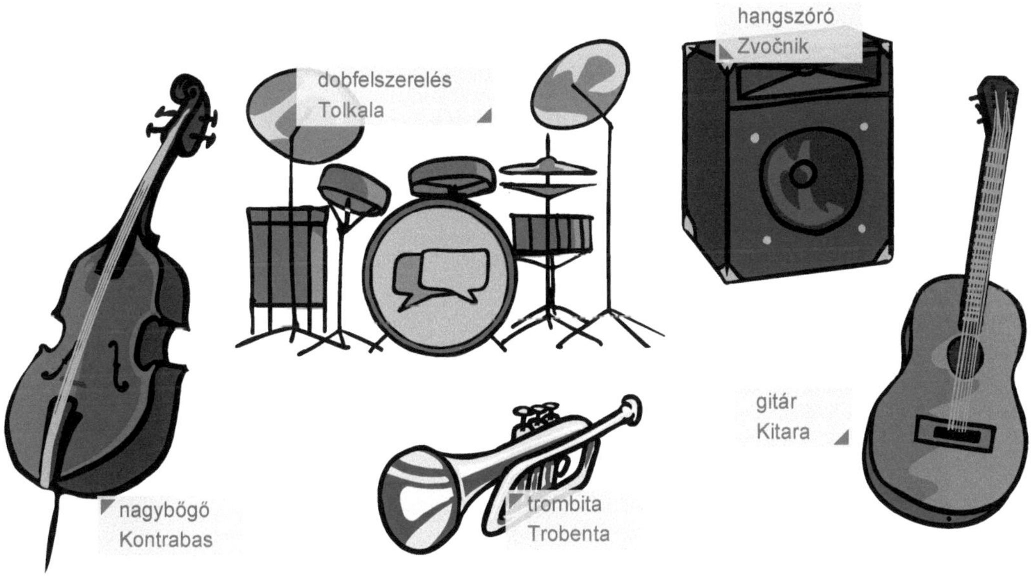

hangszóró
Zvočnik

dobfelszerelés
Tolkala

gitár
Kitara

nagybőgő
Kontrabas

trombita
Trobenta

zongora

Klavir

hegedű

Violina

basszusgitár

Bas kitara

üstdob

Pavke

dobok

Bobni

digitális zongora

Sintetizator

szaxofon

Saksofon

fuvola

Flavta

mikrofon

Mikrofon

állatkert
Živalski vrt

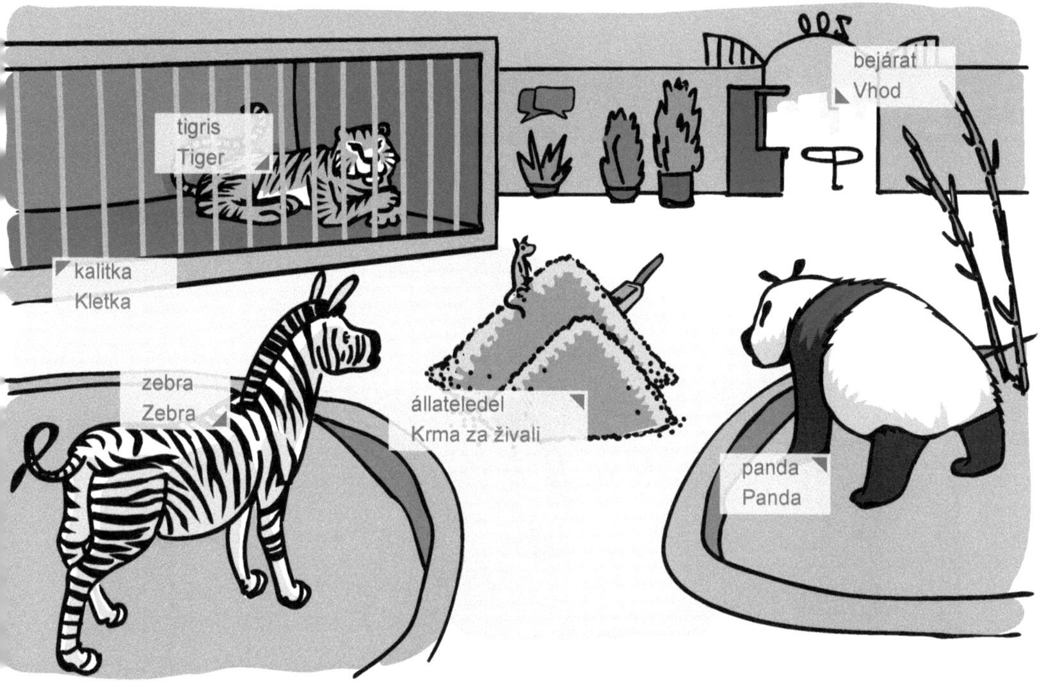

bejárat
Vhod
tigris
Tiger
kalitka
Kletka
zebra
Zebra
állateledel
Krma za živali
panda
Panda

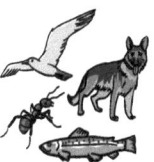

állatok
Živali

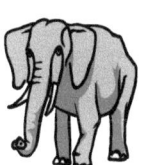

elefánt
Slon

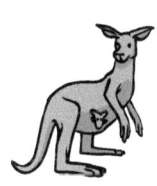

kenguru
Kenguru

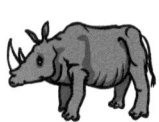

orrszarvú
Nosorog

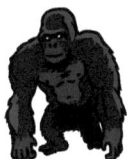

gorilla
Gorila

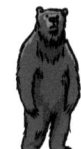

medve
Medved

teve

Kamela

strucc

Noj

oroszlán

Lev

majom

Opica

flamingó

Plamenec

papagáj

Papagaj

jegesmedve

Severni medved

pingvin

Pingvin

cápa

Morski pes

páva

Pav

kígyó

Kača

krokodil

Krokodil

állatgondozó

Oskrbnik v živalskem vrtu

fóka

Tjulenj

jaguár

Jaguar

póniló
Poni

leopárd
Leopard

víziló
Povodni konj

zsiráf
Žirafa

sas
Orel

vaddisznó
Divji prašič

hal
Riba

teknős
Želva

rozmár
Mrož

róka
Lisica

gazella
Gazela

amerikai futball
Ameriški nogomet

kerékpározás
Kolesarjenje

tenisz
Tenis

kosárlabda
Košarka

úszás
Plavanje

boksz
Boks

jégkorong
Hokej

futball
Nogomet

tollas
Badminton

atlétika
Atletika

kézilabda
Rokomet

síelés
Smučanje

lovaspóló
Polo

ugrani
Skočiti

nevetni
Smejati se

ölelni
Objeti

énekelni
Peti

sétálni
Hoditi

álmodni
Sanjati

dicsérni
Moliti

csókolni
Poljubiti

írni	rajzolni	mutatni
Pisati	Risati	Pokazati

tolni	adni	vinni
Potisniti	Dati	Vzeti

birtokolni

Imeti

csinálni

Narediti

lenni

Biti

állni

Stati

futni

Teči

húzni

Vleči

hajít

Vreči

esni

Pasti

hazudni

Ležati

várni

Čakati

vinni

Nositi

ülni

Sedeti

felvenni

Obleči se

aludni

Spati

felébredni

Zbuditi se

ránézni

Gledati

sírni

Jokati

simogat

Božati

fésülni

Česati se

beszélni

Govoriti

megérteni

Razumeti

kérdezni

Vprašati

hallgatni

Poslušati

inni

Piti

enni

Jesti

takarítani

Pospraviti

szeretni

Ljubiti

főzni

Kuhati

vezetni

Voziti

szállni

Leteti

vitorlázni

Jadrati

számol

Računanje

olvasni

Brati

tanulni

Učiti se

dolgozni

Delati

házasodni

Poročiti se

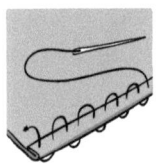

varrni

Šivati

fogat mosni

Ščetkati si zobe

ölni

Ubiti

dohányozni

Kaditi

küldeni

Poslati

nagymama
Stara mati

nagypapa
Stari oče

apa
Oče

anya
Mati

kisbaba
Dojenček

lány
Hči

fiú
Sin

vendég

Gost

nagynéni

Teta

nagybácsi

Stric

fiútestvér

Brat

lánytestvér

Sestra

test
Telo

homlok
Čelo
szem
Oko
váll
Rama
ujj
Prst
arc
Obraz
áll
Brada
kéz
Dlan
láb
Noga
mell
Prsi
kar
Roka

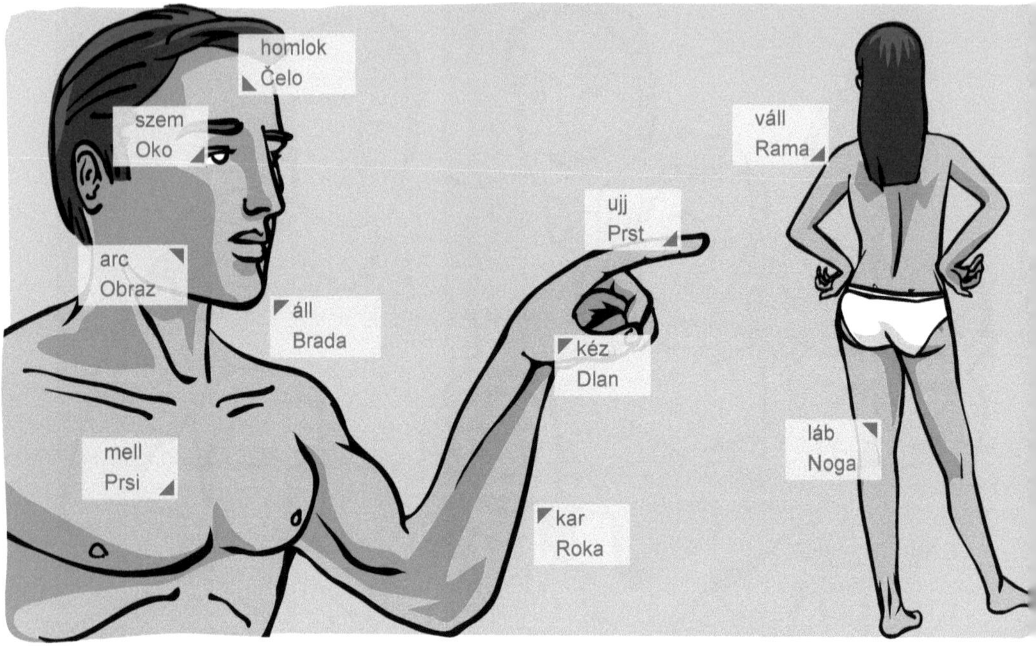

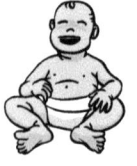

kisbaba
Dojenček

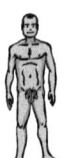

ember
Človek

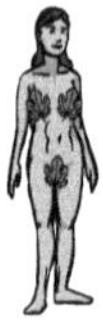

nő
Ženska

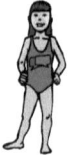

lány
Dekle

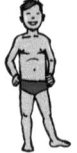

fiú
Fant

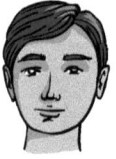

fej
Glava

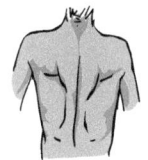

hát

Hrbet

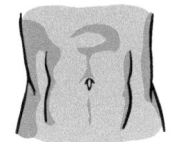

has

Trebuh

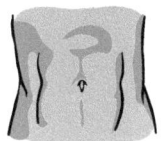

köldök

Popek

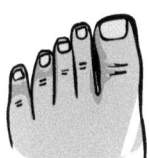

lábujj

Prst na nogi

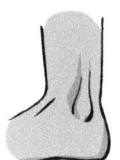

sarok

Peta

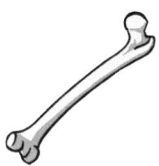

csont

Kost

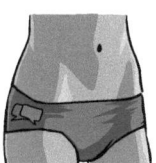

csípő

Kolk

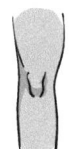

térd

Koleno

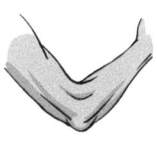

könyök

Komolec

orr

Nos

fenék

Zadnjica

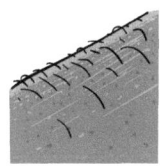

bőr

Koža

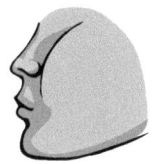

orca

Lice

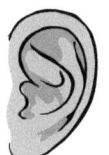

fül

Uho

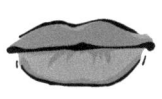

ajak

Ustnica

száj

Usta

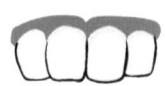

fog

Zob

nyelv

Jezik

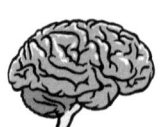

agy

Možgani

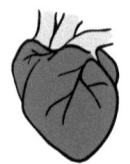

szív

Srce

izom

Mišica

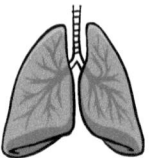

tüdő

Pljuča

máj

Jetra

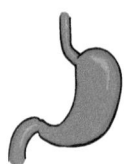

gyomor

Želodec

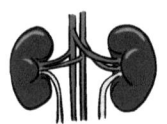

vese

Ledvice

szex

Spolni odnos

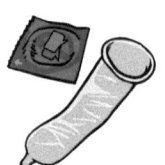

kondom

Kondom

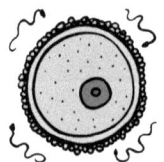

petesejt

Jajčece

sperma

Semenska tekočina

terhesség

Nosečnost

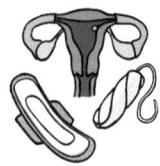

menstruáció

Menstruacija

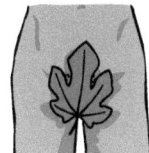

vagina

Vagina

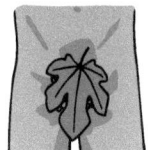

pénisz

Penis

szemöldök

Obrv

haj

Lasje

nyak

Vrat

kórház
Bolnišnica

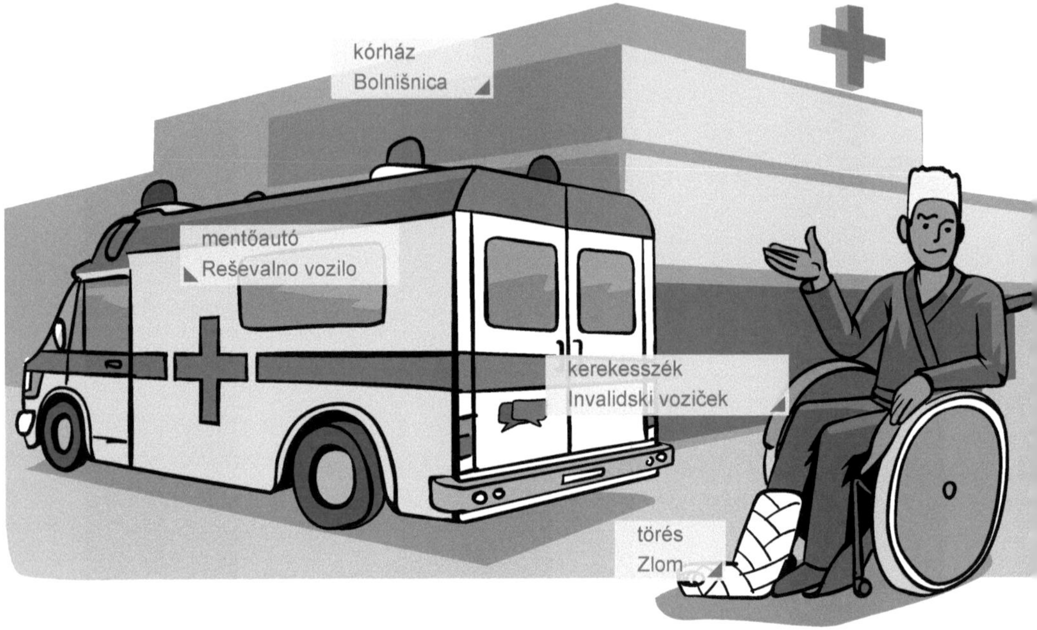

kórház
Bolnišnica
mentőautó
Reševalno vozilo
kerekesszék
Invalidski voziček
törés
Zlom

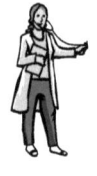

orvos

Zdravnik

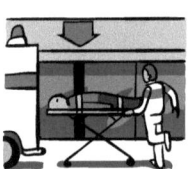

sürgősségi osztály

Urgenca

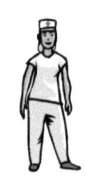

ápoló

Medicinska sestra

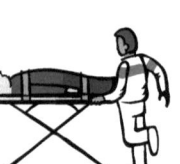

vészhelyzet

Nujni primer

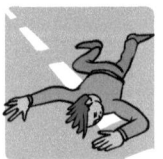

eszméletlen

Nezavesten

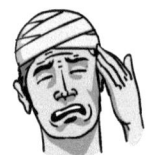

fájdalom

Bolečina

sérülés
Poškodba

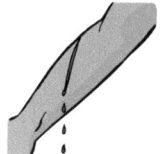

vérzés
Krvavenje

szívroham
Srčni infarkt

szélütés
Kap

allergia
Alergija

köhögés
Kašelj

láz
Vročina

influenza
Gripa

hasmenés
Driska

fejfájás
Glavobol

rák
Rak

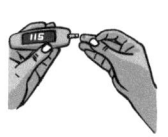

cukorbetegség
Sladkorna bolezen

sebész
Kirurg

szike
Skalpel

műtét
Operacija

CT
CT

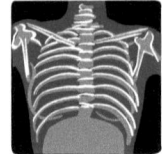

röntgen
Rentgen

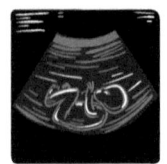

ultrahang
Ultrazvok

arcmaszk
Obrazna maska

betegség
Bolezen

váróterem
Čakalnica

mankó
Bergla

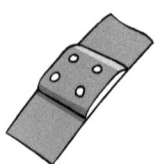

sebtapasz
Obliž

kötszer
Preveza

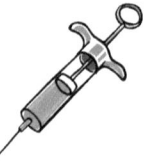

injekció
Injekcija

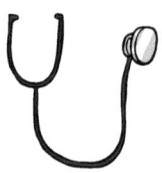

sztetoszkóp
Stetoskop

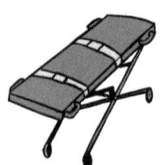

hordágy
Nosila

klinikai hőmérő
Klinični termometer

születés
Porod

túlsúly
Prekomerna teža

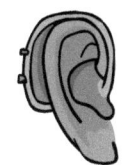

hallókészülék

Slušni pripomoček

fertőtlenítőszer

Razkužilo

fertőzés

Okužba

vírus

Virus

HIV/AIDS

HIV / AIDS

orvosság

Medicina

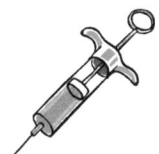

oltás

Cepljenje

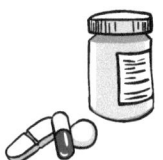

tabletták

Tablete

tabletta

Tableta

sürgősségi hívás

Klic v sili

vérnyomásmérő

Merilnik krvnega tlaka

betegség / egészség

bolano / zdravo

Segítség!

Na pomoč!

riasztás

Alarm

rajtaütés

Napad

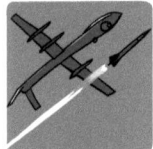

támadás

Napad

veszély

Nevarnost

vészkijárat

Izhod v sili

tűz!

Gori!

tűzoltókészülék

Gasilni aparat

baleset

Nezgoda

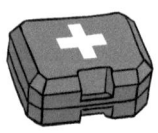

elsősegélycsomag

Komplet za prvo pomoč

SOS

SOS

rendőrség

Policija

Európa

Evropa

Észak-Amerika

Severna Amerika

Dél-Amerika

Južna Amerika

Afrika

Afrika

Ázsia

Azija

Ausztrália

Avstralija

Atlanti-óceán

Atlantski ocean

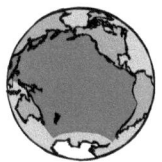

Csendes-óceán

Tihi ocean

Indiai-óceán

Indijski ocean

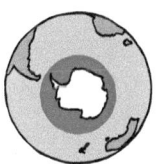

Déli-óceán

Južni ocean

Jeges-tenger

Arktični ocean

Északi-sark

Severni tečaj

Déli-sark

Južni tečaj

Antarktisz

Antarktika

föld

Zemlja

szárazföld

Kopno

tenger

Morje

sziget

Otok

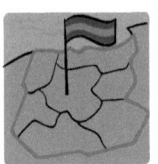

nemzet

Narod

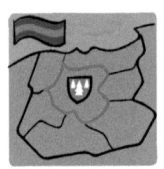

állam

Država

számlap

Števílčnica

kismutató

Urni kazalec

nagymutató

Minutni kazalec

másodpercmutató

Sekundni kazalec

Mennyi az idő?

Koliko je ura?

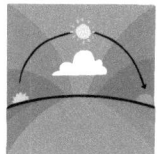

nap

Dan

idő

Čas

most

Zdaj

digitális óra

Digitalna ura

perc

Minuta

óra

Ura

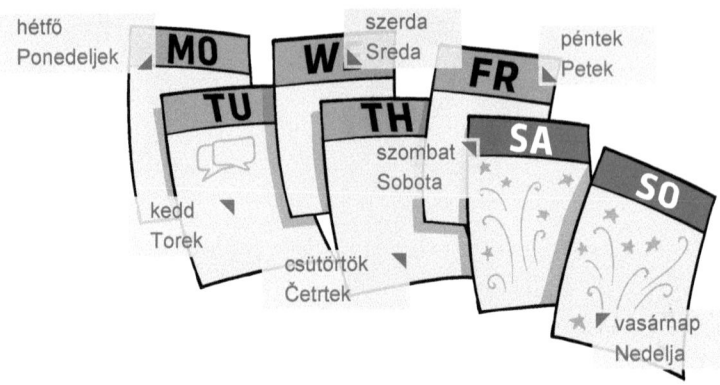

hétfő
Ponedeljek

szerda
Sreda

péntek
Petek

kedd
Torek

szombat
Sobota

csütörtök
Četrtek

vasárnap
Nedelja

tegnap

Včeraj

ma

Danes

holnap

Jutri

reggel

Jutro

dél

Poldne

este

Večer

hétköznap

Delovni dnevi

hétvége

Konec tedna

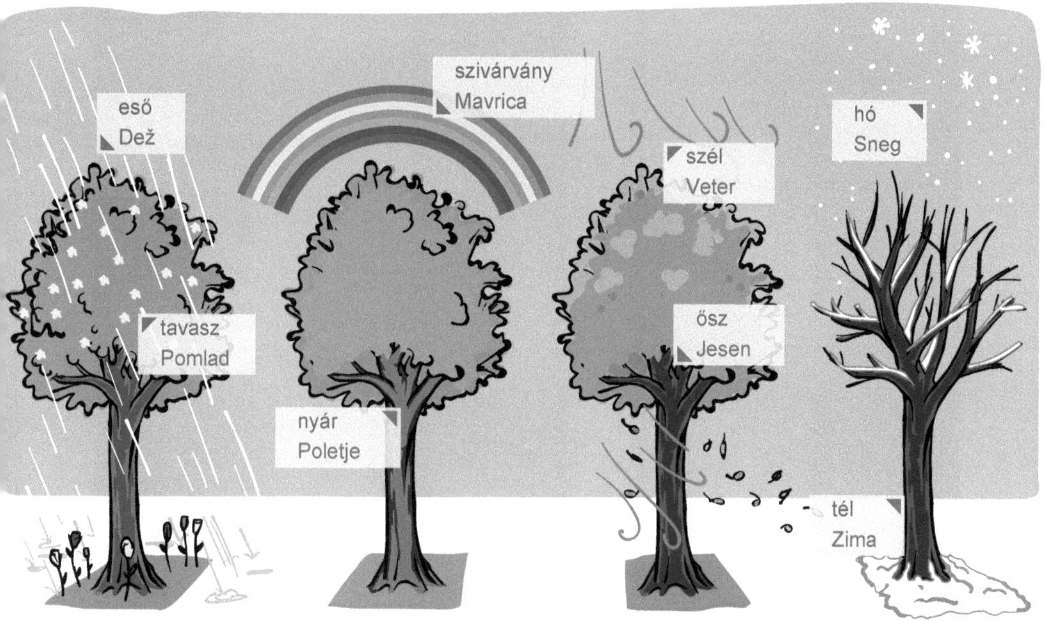
eső
Dež
szivárvány
Mavrica
szél
Veter
hó
Sneg
tavasz
Pomlad
ősz
Jesen
nyár
Poletje
tél
Zima

4.APRIL 11°
5.APRIL 4°
6.APRIL 13°
7.APRIL 8°
8.APRIL 10°

időjárás előrejelzés

Vremenska napoved

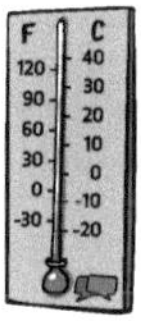
F C
120 40
90 30
60 20
30 10
0 0
-30 -10
-20

hőmérő

Termometer

napsütés

Sončna svetloba

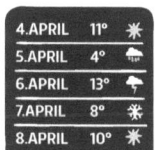

felhő

Oblak

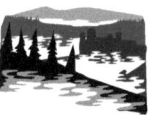

köd

Megla

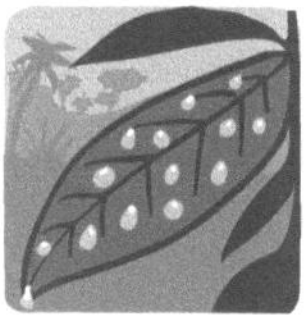

páratartalom

Vlažnost

villámlás
....
Strela

mennydörgés
....
Grom

vihar
....
Nevihta

jégeső
....
Toča

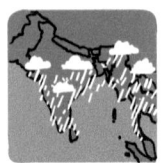

monszun
....
Monsun

áradás
....
Poplava

jég
....
Led

január
....
Januar

február
....
Februar

március
....
Marec

április
....
April

május
....
Maj

június
....
Junij

július
....
Julij

augusztus
....
Avgust

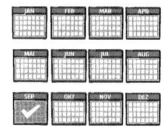

szeptember
....
September

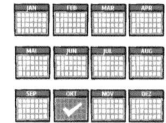

október
....
Oktober

november
....
November

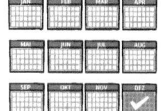

december
....
December

kör
....
Krogla

négyzet
....
Kvadrat

téglalap
....
Pravokotnik

háromszög
....
Trikotnik

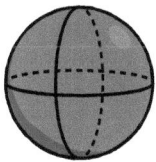

gömb
....
Krogla

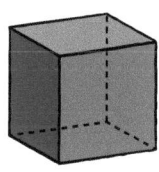

kocka
....
Kocka

fehér

Bela

sárga

Rumena

narancs

Oranžna

rózsaszín

Rožnata

piros

Rdeča

lila

Vijolična

kék

Modra

zöld

Zelena

barna

Rjava

szürke

Siva

fekete

Črna

sok / kevés

veliko / malo

mérges / nyugodt

jezno / umirjeno

szép / csúnya

lepo / grdo

kezdet / vég

začetek / konec

nagy / kicsi

veliko / majhno

világos / sötét

svetlo / temno

fivér / nővér

brat / sestra

tiszta / koszos

čisto / umazano

teljes / nem teljes

popolno / nepopolno

nappal / éjszaka

dan / noč

halott / élő

mrtvo / živo

széles / keskeny

široko / ozko

ehető / nem ehető

užitno / neužitno

gonosz / kedves

zlobno / prijazno

izgatott / unott

vznemirjeno / zdolgočaseno

kövér / vékony

debelo / vitko

első / utolsó

prvo / zadnje

barát / ellenség

prijatelj / sovražnik

teli / üres

polno / prazno

kemény / puha

trdo / mehko

nehéz / könnyű

težko / lahko

éhség / szomjúság

lakota / žeja

betegség / egészség

bolano / zdravo

illegális / legális

nezakonito / zakonito

intelligens / buta

pametno / neumno

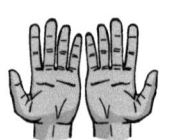

bal / jobb

levo / desno

közel / távol

blizu / daleč

új / használt

novo / rabljeno

semmi / valami

nič / nekaj

idős / fiatal

staro / mlado

be / ki

vklopljeno / izklopljeno

nyitva / zárva

odprto / zaprto

csendes / hangos

tiho / glasno

gazdag / szegény

bogato / revno

helyes / helytelen

prav / narobe

érdes / sima

grobo / gladko

szomorú / vidám

žalostno / veselo

rövid / hosszú

kratko / dolgo

lassú / gyors

počasi / hitro

nedves / száraz

mokro / suho

meleg / hideg

toplo / hladno

háború / béke

vojna / mir

0	**1**	**2**
nulla	egy	kettő
Ničla	Ena	Dva

3	**4**	**5**
három	négy	öt
Tri	Štiri	Pet

6	**7**	**8**
hat	hét	nyolc
Šest	Sedem	Osem

9	**10**	**11**
kilenc	tíz	tizenegy
Devet	Deset	Enajst

12

tizenkettő

Dvanajst

13

tizenhárom

Trinajst

14

tizennégy

Štirinajst

15

tizenöt

Petnajst

16

tizenhat

Šestnajst

17

tizenhét

Sedemnajst

18

tizennyolc

Osemnajst

19

tizenkilenc

Devetnajst

20

húsz

Dvajset

100

száz

Sto

1.000

ezer

Tisoč

1.000.000

millió

Milijon

angol

Angleščina

amerikai angol

Ameriška angleščina

mandarin kínai

Mandarinščina

hindi

Hindujščina

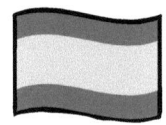

spanyol

Španščina

francia

Francoščina

arab

Arabščina

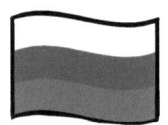

orosz

Ruščina

portugál

Portugalščina

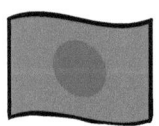

bengáli

Bengalščina

német

Nemščina

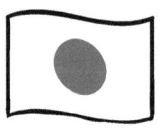

japán

Japonščina

én

Jaz

te

Ti

ő

On / ona / tisto

mi

Mi

ti

Vi

ök

Oni

ki?

Kdo?

mi?

Kaj?

hogyan?

Kako?

hol?

Kje?

mikor?

Kdaj?

név

Ime

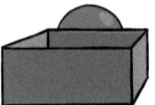

mögött

Zadaj

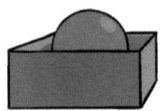

benne

V

elötte

Pred

felette

Nad

rajta

Na

alatta

Pod

mellett

Poleg

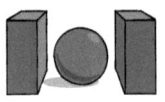

között

Med

hely

Kraj